AF320750

K. 45.

NOTES SOMMAIRES

EN RÉPONSE

AUX OBSERVATIONS

SOMMAIRES,

Sur le Mémoire publié pour la Colonie de l'Isle de France,

Contre le Privilège exclusif de la Compagnie des Indes.

———

À PARIS,

DE L'IMPRIMERIE DE P. FR. DIDOT LE JEUNE.

1790.

NOTES SOMMAIRES

EN réponse aux Observations sommaires, sur le Mémoire publié pour la Colonie de l'Isle de France,

CONTRE le privilège exclusif de la Compagnie des Indes.

Publier un Mémoire la veille du jugement, c'est vouloir priver les adversaires de la faculté d'y répondre ; c'est donner un grand préjugé contre sa cause.

Le Mémoire intitulé *Observations Sommaires*, n'en présente aucune sur les *dissertations* auxquelles le Colon s'est livré dans sa défense, et se contente de les appeler *vagues*. Par ce mot, aussi heureux qu'énergique, et qui a sans doute la vertu magique, il croit les avoir réfutées.

Nous suivrons ici la récapitulation des motifs donnés par le Colon, et à laquelle les Actionnaires de la Compagnie des Indes ont fait des réponses à mi-marge.

1°. Le Colon avoit dit que le privilège exclusif de la Compagnie des Indes étoit nul, par le défaut d'enrégistrement auquel la loi soumet tous les privilèges.

Les Actionnaires répondent que ce n'est là qu'un *sophisme* ; et nous répondons que ce n'est pas un sophisme,

A ij

mais un principe de droit. Ils ajoutent que leur privilège *n'étoit point une nouvelle concession ; . . . que le Roi avoit seulement rétabli l'exercice du privilège qui reposoit constamment sur une loi enrégistrée, et qui n'avoit été que suspendue en* 1769. C'est bien ce raisonnement qui est un sophisme. Un privilège est un être moral qui ne peut exister sans les personnes. L'Arrêt du Conseil d'Etat du 14 avril 1785, *portant établissement d'une nouvelle Compagnie des Indes*, n'a pas renouvellé le privilège exclusif de l'ancienne; mais il en a établi, créé une nouvelle, comme le texte de l'Arrêt le dit formellement. C'est donc une association nouvelle, dont le régime, les fonctions, les moyens, et même les associés sont tout-à-fait différens et indépendans de l'Ancienne Compagnie des Indes. Le même Arrêt, ainsi que celui du 21 septembre 1786, portent que, *sur iceux, toutes lettres nécessaires seront expédiées.* Le Conseil lui-même les croyoit donc nécessaires. Le défaut de cette formalité exigée rigoureusement par la Déclaration du Roi du 24 décembre 1762, rend nulle de droit l'obtention du privilège exclusif.

2°. « Il est anti-constitutionnel, a dit le Colon, et il « établit dans le commerce une aristocratie monstrueuse, « impolitique, vexatoire, et contraire au bien de l'Etat, « etc. » Les Actionnaires répondent : *Voilà de grands mots, mais ce ne sont que des mots ;* comme si des mots grands ou petits ne signifioient pas des choses ; comme si ceux employés par le Colon, n'étoient pas aussi justes qu'énergiques et bien appliqués ; comme si, se dispenser de répondre, étoit une réponse.

3°. Celle des Actionnaires au troisième reproche du Colon, élude la question, en forçant le sens du reproche.

(5)

C'est usurper la propriété d'un citoyen , que d'envahir par
force une partie , quelque petite qu'elle soit , de son bien.
Il n'est pas nécessaire , pour caractériser l'usurpation , de
lui enlever la totalité de sa propriété. La réponse de ces
Messieurs n'est donc qu'un verbiage fort long , qui n'af-
foiblit même pas le reproche ; au contraire , elle en prouve
la justesse. Il falloit démontrer que le privilège exclusif
n'étoit pas une usurpation de la propriété de tous les
citoyens , qui ont tous un droit commun au commerce
des Indes : c'est ce qu'on n'a seulement pas tenté de faire.

4°. La réponse des Actionnaires ne fait qu'éluder le
quatrième reproche du Colon. Il est incontestable que le
privilège prive le fisc du revenu des droits sur l'importation des marchandises de l'Inde en France. On évalue
à deux millions annuels l'ensemble des faveurs accordées
à la Compagnie des Indes , et non la faveur seule de ne
ne pas payer le droit d'indult.

5°. « Le privilège exclusif procure le débouché d'une
« quantité bien moindre de denrées nationales, que le
« commerce particulier. »

Les Actionnaires répondent : *Le commerce particulier
a - t - il donc le secret ou le pouvoir d'obliger les Indiens à
consommer les productions de notre territoire ?*

Oui , le commerce particulier a cette faculté , et non
une Compagnie. Il est plus actif, plus entreprenant , plus
séduisant , plus habile à saisir les goûts des consommateurs , et même à les faire naître. Il donne à meilleur
marché , parce qu'il est plus économe et moins cupide ;
delà résulte souvent une consommation , qui n'existeroit
pas sans cette condition ; delà résulte toujours une plus
grande consommation. Le commerce particulier fréquente

des pays abandonnés par la Compagnie, et s'ouvre par-là des débouchés inconnus à celle-ci.

6°. Le Colon avoit avancé que le privilège exclusif exportoit une plus grosse somme de numéraires hors du Royaume, que la liberté.

Les Actionnaires, dans leur réponse qui contient trois pages, n'ont rien répliqué de direct contre ce reproche : ainsi toutes les preuves établies dans le Mémoire du Colon, en faveur de cette assertion, restent dans toute leur force.

7°. « Le privilège fournit beaucoup moins de marchan-
« dises des Indes, pour l'approvisionnement de la France
« que les particuliers, et il favorise par ce moyen la
« fraude. »

Les Actionnaires répondent : *Ce n'est certainement point la modicité des retours de la Compagnie qui favorise la fraude. La preuve est qu'elle n'a jamais vendu la totalité de ce qu'elle avoit dans ses magasins.* La fraude ne peut se faire, que parce qu'on achète ; on n'achète que parce qu'on consomme ; mais il faut que le vendeur se prête à livrer sa marchandise au prix courant. Si les consommateurs avoient été pourvus par la Compagnie à un prix raisonnable, la fraude n'auroit pas pu avoir lieu. Elle ne se fait point en Angleterre, parce que la Compagnie Angloise importe dans ce Royaume, plus de marchandises qu'il n'en faut à la consommation, et qu'elle les livre à un bas prix. C'est un grand sujet de reproche à faire à la Compagnie des Indes, de ce *qu'elle n'a jamais vendu la totalité de ce qu'elle avoit dans ses magasins.* Pourquoi ne les livroit-elle pas au public ? parce qu'elle en vouloit un prix plus haut que ne lui en offroit la concurrence des acheteurs ; elle a donc exercé un monopole odieux. La fraude se faisoit dans le même temps à des prix inférieurs aux siens. Donc la Compagnie a excité la fraude.

Il ne suffit pas de dire que les assertions ou les raisonnemens sont absurdes ; il faut le prouver. Les qualifications sans preuves ne signifient rien du tout.

8°. C'est vouloir *se jouer de la crédulité des lecteurs*, que de contredire les principes les plus évidens , les mieux établis , et le plus généralement reconnus. Il n'y a que des privilégiés , très-empressés à soutenir leurs usurpations, qui aient osé mettre en doute que la liberté eût plus d'*industrie et d'activité* qu'une Compagnie exclusive.

9°. Les Actionnaires demandent *quelles sont donc ces branches de commerce intéressantes que la Compagnie a négligées ?*

Revenus ensuite de leur étonnement simulé, ils les énumèrent, d'après une note insérée dans le Mémoire du Colon. Il ne valoit pas la peine de faire les étonnés. Mais avant de parcourir les objets détaillés dans ladite note, disons ici que la Compagnie n'a importé en France, qu'une seule cargaison de Surate depuis son établissement, et des Cauris, qu'en 1789. Elle se rejette sur la perte qu'elle a faite dans la vente du coton de Surate ; mais cette denrée nécessaire aux manufactures du royaume, n'a diminué de prix qu'en 1789. Voilà donc des branches de commerce que la Compagnie a négligées. Elle n'a pas importé en France la quantité de poivre, qu'elle auroit pu verser dans le Royaume ; autre négligence de sa part.

10°. « Il n'a pas fait le commerce d'Inde en Inde : il a « empêché les nationaux de le faire ; et il a borné celui « que les Insulaires pouvoient entreprendre , en leur « faisant défendre le retour en Europe des marchandises

« indiennes; de sorte que la France a été privée de quan-
« tité de marchandises que la Compagnie n'y a pas im-
« portées, et qui auroient fait l'objet des spéculations,
« soit des mêmes insulaires, soit des nationaux. »

Les Actionnaires confondent dans leur réponse ce que le Colon avoit très-bien distingué. *Le privilège a empêché les nationaux* de faire le commerce d'Inde en Inde. Ce commerce leur est interdit par l'Arrêt du Conseil d'Etat, qui le permet seulement aux Insulaires ; mais qui le borne, en leur défendant d'importer en France d'autres marchandises que celles de leur crû, et par conséquent toutes celles des Indes, quand même elles seroient d'un autre genre que celles qui font l'objet des cargaisons de la Compagnie.

Parcourons les objets de commerce que le Colon a détaillés, et qu'il a soutenu que le privilège avoit négligés.

De l'or. Les Actionnaires ne peuvent pas *se persuader qu'on puisse rapporter de l'or des Indes, parce qu'on n'y possède aucun territoire.* Ils prouvent par là l'étendue de leurs connoissances et la justesse de leurs raisonnemens. Les Côtes de la Mer-Rouge et la Cochinchine produisent de l'or, et en font commerce. On tire des sequins d'or du Golfe-Persique.

Les gommes et résines. Les Actionnaires répondent que la Compagnie *rapporte de la gomme-laque du Bengale, et qu'elle a fait des essais des gommes d'Arabie.* Il y a long-tems que la Compagnie de Hollande tire de la gomme-arabique de la Mer-Rouge, et que des particuliers françois ont connu et ont fait ce commerce. Les Action-naires n'en sont encore qu'à l'essai ; mais les Côtes de cette mer fournissent en outre d'autres gommes et résines ;

que

que les particuliers ont su y découvrir, et que la Compagnie ne connoît pas.

Le gingembre, le piment, le curcuma. Les Actionnaires soutiennent que *pendant le régime de la liberté, jamais le commerce particulier n'en a rapportés, que comme articles de curiosité.* Et moi je leur déclare, que j'ai envoyé en 1778 en France, dix barriques de curcuma, et une de piment. Pourquoi laisser les Hollandois en possession de fournir ces denrées à la France ? Quand même il seroit vrai, que le commerce particulier n'eût pas importé en France ces trois denrées dans les premières années, où il fréquentoit les Côtes de l'Asie et de l'Afrique, et où il ne pouvoit avoir toute l'activité que son expérience lui permettra de déployer par la suite, ce ne seroit pas un motif de l'assimiler dans ses opérations aux vues étroites d'une Compagnie privilégiée. Elle ajoute, *qu'il n'en a jamais été exposé aux ventes de l'Orient.* Ce n'est pas une preuve. Il y a des objets que les négocians n'exposent pas en vente.

L'écaille. La Compagnie n'a pas pu, dit-elle, s'en procurer à un prix qui lui convînt. Nous le croyons sans peine, parce qu'elle ne veut que de gros bénéfices.

Des médicamens, des noix-de-galle, de la gomme-arabique, de l'encens, de la myrrhe, de l'aloès. La Compagnie de Hollande tire toutes ces denrées des côtes de la Mer-Rouge ; et nous savons que des particuliers de notre nation ont fait ce commerce avec avantage.

De l'indigo de Mascate. La réponse de la Compagnie est fausse ; 1°. Par l'expérience de quelques armateurs, qui ont importé en France de l'indigo de Mascate ;

2°. Parce que nos Colonies ne fournissent pas assez d'indigo , à la concurrence des acheteurs , tant nationaux qu'étrangers.

Du salpêtre et de la nacre de perles de la Mer-Rouge. Les Actionnaires répondent que le premier article se tire du Bengale , et qu'ils en ont fait vendre ; et le second se tire de la Chine.

Il s'agit ici du salpêtre et de la nacre de perles de la Mer-Rouge, ou plutôt du Golfe-Persique, où ces denrées sont à meilleur marché qu'au Bengale et à la Chine.

Des poils de chameaux et de chèvres, et de l'orpiment ; ARTICLES du commerce du Levant, répondent les Actionnaires. Oui, sans doute ; mais je leur réplique, ARTICLES également du Golfe-Persique , dont l'importation en France est négligée par vous.

Du coton en laine de Surate. J'ai dejà parlé de cet objet.

Des rotins et du bois rouge. La Compagnie tire ces objets de la Chine, et par conséquent de la deuxième main. Le commerce libre iroit les chercher à la Côte de l'Est, lieu de leur production.

Des joncs pour cannes. Le Royaume en est approvisionné pour dix ans, répondent les Actionnaires. Je leur demande par qui s'est fait cet approvisionnement. Par les étrangers sans doute ? C'est donc là encore un tort de la Compagnie.

Des vernis, des huiles. Articles nuls , ou à peu près , disent ces Messieurs , parce qu'ils ne les connoissent pas. Ceci ne doit pas surprendre de la part du privilège exclusif.

Du morphil. C'est de l'Afrique que se tire ce morphil, répondent sérieusement les Actionnaires. Eh ; oui sans doute. C'est de là, c'est de la Côte Orientale d'Afrique, qui est dans les mers des Indes, que le commerce libre tireroit du *morphil*, pour l'importer en France ; et c'est ce que la Compagnie ne fait pas, quoique cet objet soit d'une assez grande importance.

11°. « Il a retardé par là les progrès d'une Colonie inté-
« ressante, placée pour être le centre du commerce des
« Indes, et pour devenir un jour l'entrepôt du commerce
« national de cette partie du monde. Ses progrès inté-
« ressent le commerce et la politique ; ils donneroient
« de l'extension au premier, en augmentant sa popula-
« tion, et parconséquent ses récoltes, et fourniroient à
« la seconde des moyens pour exécuter ses projets. »

Nous allons répliquer succinctement, sans rapporter la réponse un peu longue de la Compagnie.

1°. L'île de France commence à devenir un entrepôt du commerce des Indes ; ainsi ce fait notoire, répond aux déclamations vagues de la Compagnie. 2°. Elle doit savoir, que les armemens se font dans l'Inde à bien meilleur marché qu'en Europe. 3°. Nous citerions, s'il en étoit besoin, beaucoup de négocians qui se sont enrichis aux deux îles, par le commerce uniquement.

La banqueroute de 18 *millions,* dont ces Messieurs parlent avec beaucoup d'exagération, n'est due qu'à la témérité et à l'impéritie du négociant qui l'a faite, et aux entreprises folles dans tous les genres auxquelles il s'est livré sans mesure. Il avoit acquis des terres à des prix incroyables. Je sais qu'il a acheté 60 mille francs une habitation couverte de forêts, qui avoit été vendue 2 mille livres à l'encan, quelques années auparavant. Dailleurs, que signifie un fait isolé ?

12°. « Il diminue les ressources que le Gouvernement
« trouveroit, en tems de guerre, dans le port de l'Ile de
« France, pour l'armement et l'expédition de ses flottes
« et de ses escadres, et pour les entreprises hostiles ; et
« compromet les armes de la nation, dans cette partie du
« monde, et même la défense et le salut de nos Colonies
« Orientales. »

Voici ma réplique à la réponse des Actionnaires :

. L'agriculture dans une Colonie est nécessairement liée
au commerce ; c'est ce dernier qui procure à la première,
les esclaves, les ustensiles et toutes les choses de néces-
sité ; qui lui fournit les avances nécessaires à ses entreprises ; qui donne une valeur aux denrées coloniales ;
d'où il résulte, que les progrès d'une colonie, dépen-
dent du nombre, de la richesse, de l'industrie des né-
gócians qu'elle aura dans son sein, autant que du nombre, du travail et de l'industrie de ses Colons. Ceci est
extrait des représentations de l'Isle de France, du 3 septembre 1788. Le rapport de ses habitans mérite peut-
être plus de considération, que des assertions, sans principes, de Messieurs les Actionnaires, qui n'ont jamais ré-
sidé sur les lieux.

13°. « Il a rendu les approvisionnemens des Isles de
« France et de Bourbon, en denrées de France, beau-
« coup moins abondans qu'ils ne le seront, lorsque le
« commerce libre pourra fréquenter toutes les Côtes de
« l'Asie ; ainsi la Métropole et les Colonies ont également
« souffert du joug imposé aux négocians par le privilège. »

La réponse très-longue des Actionnaires, n'est pas *précise*
comme ils le prétendent. Le reproche ne dit pas que les
approvisionnemens de ces Isles ont été moindres, depuis

1785 , mais seulement que le privilège les a *rendus moins abondans qu'ils ne le seront,* lorsque le commerce sera libre. Ces colonies font annuellement des progrès, et attirent parconséquent tous les ans des approvisionnemens plus abondans. Le mémoire du Colon a démontré que le commerce libre rendroit nécessairement ces approvisionnemens plus abondans encore, parce qu'après avoir satisfait aux besoins des consommateurs des Isles , l'excédent seroit porté dans toutes les escales des Indes, et dans beaucoup de pays négligés par la compagnie.

14°. Le Colon lui a reproché l'évacuation impolitique de Pondichery, parce qu'elle pouvoit l'empêcher, en acceptant la proposition que le Gouvernement lui a faite de lui abandonner cette place. Il tient ce fait d'un des Administrateurs de la Compagnie des Indes , qui n'en a fait aucun mystère ; et qui lui a dit, qu'elle avoit refusé cette charge , uniquement parce qu'elle l'auroit entraînée dans des dépenses, au-dessus des revenus et des avantages que la possession de Pondichery lui auroit procurés.

15°. La réponse des Actionnaires laisse ce reproche dans toute sa force. Ces Messieurs connoissent très-bien, quels sont les objets de la Chine nécessaires à la consommation des Isles de France et de Bourbon.

Il est constant qu'en 1786 et 1787, la Compagnie n'y a envoyé aucune denrée de la Chine. Elles en ont donc manqué dans ces deux années. Il est encore constant qu'elle n'en a envoyé en 1788 et 1789 , qu'une quantité infiniment modique ; et que la vente qui en a été faite à l'encan , est un monopole odieux. Elle a de plus empêché ces Colonies de faire à la Chine un commerce avantageux pour elles, par l'exportation de leur bois d'ébène, et du coton de Surate, et par les approvisionnemens que les négocians de cette Ile auroient fourni à cet Empire, lorsqu'il a été livré à la famine.

16°. « Il a fait fermer à ces Colonies l'entrée de la Mer-« Rouge, pour jouir exclusivement du commerce du café « de Moka. Par cette prohibition il a privé les insulaires « du commerce avantageux qu'ils pouvoient faire sur les « Côtes de cette mer. »

Les Actionnaires répondent : *Est-il bien séant à un Colon de l'Isle de France de faire à la Compagnie un pareil reproche ? etc.*

Il sait que les *Administrateurs* des Iles ont autorisé un armement pour Moka, sur les prétextes les plus plausibles. Cette autorisation prouve elle-même, que l'entrée de la Mer-Rouge étoit interdite aux Isles.

Oui, c'est là, qu'elles porteront du *sucre.* Le Colon qui répond en a envoyé à Moka du crû de sa terre située à l'Isle de France. C'est là que l'on peut envoyer avec profit des girofles, des muscades, de la canelle, et vraisemblablement d'autres denrées que les négocians qui réclament contre le privilège, connoissent mieux qu'un Colon. C'est aussi sur les Côtes de ces mers que les négocians sauront faire un trafic inconnu à la Compagnie, mais avantageux pour eux et pour l'Etat.

17°. Ce reproche, malgré la réponse, subsiste dans toute sa force, ainsi que le dix-huitième.

19°. « Il a fait ses achats des marchandises des Indes « dans les marchés de l'Europe, et il a défendu aux na-« tionaux le même commerce. »

Non, ce n'est pas *une affectation puérile* que de rapporter dans une récapitulation, un reproche articulé dé-
jà nombre de fois par d'autres personnes.

20°. « Il a fait faire la saisie, et il a demandé avec cha-
« leur la confiscation des marchandises qui avoient été
« achetées, ou contractées aux Indes, avant l'Arrêt qui
« établit le privilège ; tandis qu'aux termes de la loi, et
« suivant les formes de notre ancienne législation elle-
« même, ce privilège est nul ; et à force d'intrigues, il
« a obtenu, contre la justice et contre le droit, la pri-
« mauté dans l'exposition et dans la vente de ses marchan-
« dises. »

Les Administrateurs de la Compagnie s'applaudissent
dans leur réponse, d'avoir *fait faire la saisie, et d'avoir
demandé avec chaleur* la confiscation des marchandises qui
avoient été achetées ou contractées aux Indes, avant
l'Arrêt qui établit ce privilége ; car ce n'est que sur celles-
là que porte le 20°. reproche. Le fait est vrai. Le commerce
n'a obtenu main-levée des saisies, qu'après beaucoup de
temps et de sollicitations, et après avoir exhibé les certifi-
cats nécessaires, et les autorisations des Administrateurs
des Isles.

21°. Le Colon qui a parlé au nom de l'Isle de France,
a lu le *précis qu'il a attaqué*. Il a vu que les Administrateurs sont convenus d'avoir fait à Londres l'acquisition de
deux vaisseaux. Ce fait reconnu vrai justifie ses reproches
à cet égard, qui sont d'ailleurs répétés par les négocians
de toutes les places du royaume, et par tous les hommes
de sens, non intéressés dans le privilège.

22°. Ce n'est pas une excuse légitime, aujourd'hui que
les droits des peuples ont été établis sur la justice par

l'Assemblée Nationale, que de se rejeter sur les fautes et sur les erreurs de l'ancienne Administration.

23°. Le Colon s'est récrié sur la demande des Actionnaires d'une indemnité ; il l'a fait avec force : c'est l'effet de l'indignation que cause à tout homme-honnête, une prétention hardie fondée sur une injustice. Il renvoie sur ce sujet à la feuille imprimée, intitulée : *Dernier mot sur le privilège* exclusif de la Compagnie des Indes, dans lequel on trouve d'excellentes choses dictées par le patriotisme, par la justice et par la raison.

Les Actionnaires qui peuvent s'aider les uns et les autres de leurs lumières, ont mis trente-six jours à préparer leurs profondes observations. Le Colon qui parle au nom de l'Isle de France, et qui n'a pu consulter personne, n'a mis que quelques heures à rédiger sa réplique.

A Paris, le 30 mars 1790.

Signé, COSSIGNY.

A PARIS, de l'Imprimerie de P. Fr. Didot le jeune. 1790.